VOVÓ *e as estrelas no céu*

Isabel Fortes

Ilustrações Rafael Uzai

cia. de Freud

Rio de Janeiro

2013

Nestas últimas semanas andei pensando na minha avó. Tem a vovó que faz bolo, tem a que conta histórias, tem a que manda cartão porque mora longe, tem a que pega os netos na escola, e tem aquela que trabalha muito e só pode ver a gente no fim de semana. Gosto muito da avó da Maria Clara, que faz bonecos de papel machê com a gente. A minha avó cuidava de mim quando a minha mãe saía.

"ERA UMA VEZ..."

A casa dela era muito
grande, tinha muitos quartos
e um terraço onde tinha
uma bananeira.

Eu ia sempre para lá, e adorava mexer nas várias caixinhas de vários tamanhos e cores que ela guardava para mim. Ah, ela também guardava fitas para eu amarrar nas caixas maiores e brincar que era o carro das minhas bonecas.

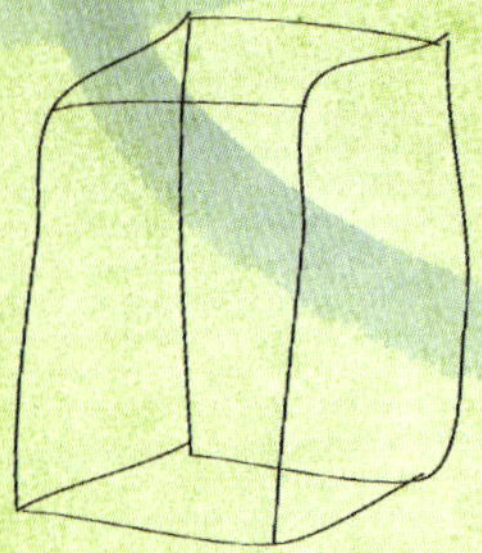

Aos domingos, a família toda ia para lá, e eu brincava de pique-esconde com meus primos. Como a casa era grande, às vezes levava um tempão para que me encontrassem, tanto lugar diferente havia pra gente se esconder!

Vovó adorava a chuva! Dizia que a chuva a deixava feliz. Sempre que chovia, tomávamos banho de chuva no terraço da sua casa. Colocávamos sabão em pó no chão e ficávamos escorregando, de um lado para o outro, de um lado para o outro...

Um dia, quando voltei da escola, minha mãe me disse que vovó estava muito doente. Ela ficou doente por muito tempo e eu continuei indo sempre para a casa dela. Mas, agora, ela não podia mais cuidar de mim, era eu que ajudava a minha mãe a cuidar dela. Eu lia as minhas histórias para ela se distrair ou então ficávamos horas montando quebra-cabeças.

Depois ela foi para o hospital e eu ia visitá-la, levando bolos, biscoitos e chocolates.

E um dia, meio assim de supetão, mamãe chegou em casa e me deu a notícia que vovó tinha ido embora.

Eu já tinha sido avisada que em breve minha avó partiria, mas acho que a gente não consegue se preparar para este tipo de coisa, não é mesmo? Senti uma tristeza muito grande e chorei junto com a minha mãe. Ela me disse que vovó tinha ido para o céu e agora ia morar lá, junto com as estrelas. Será que a vovó virou uma estrela de verdade?

No dia seguinte bem cedo, mamãe me perguntou se eu queria ir ao cemitério me despedir da vovó. Eu respondi: ué, mas ela já não está morando lá no céu? Não quis ir a cemitério nenhum, preferi olhar para o céu à noite e tentar descobrir qual dentre aquelas estrelas era a minha vozinha. Certamente ela seria uma estrela bem grande e brilhante; ela era tão linda com aqueles cabelos branquinhos!

Fiquei triste por algum tempo:

— Mamãe, eu já entendi que a vovó morreu, mas por que ela não telefona mais para a gente?

Depois da sua morte, meu passatempo preferido era procurar a vovó naquele céuzão estrelado. Algumas noites, mamãe entrava no meu quarto e ficávamos as duas um tempão debruçadas na janela olhando atentamente para cada um daqueles pontos luminosos, tentando ver se a encontrávamos.

Vovó devia estar feliz na sua nova vida estelar! De dia, ela ficava escondida atrás da luz do sol, mas à noite eu podia olhá-la à vontade.

Resolvi então tornar-me um astronauta: pegar a minha nave espacial e ir lá visitar a vovó. Passaria um tempinho lá com ela e depois voltaria para o planeta Terra. Fiz uma roupa de borracha, arrumei um capacete resistente, montei na minha nave e zasp!: lá fui eu para a via láctea fazer uma visita à minha linda avozinha!

5

Aos poucos, bem devagarinho, a tristeza foi indo embora. Que nem uma onda que vem e depois volta para o mar. Mas antes de ir dormir, sempre olho para o céu e brinco de encontrar a estrela mais brilhante que mora lá!

E então, sempre me lembro:

Tem a vovó que faz bolo, tem a que conta histórias, tem a que manda cartão porque mora longe, tem a que pega os netos na escola, e tem também a que vira estrela. A minha vovó é assim. Foi para o céu. Virou estrela.

Cia de Freud
Rua Barão de Sertório, 48 Rio Comprido
20261-050 Rio de Janeiro RJ
Tel (21) 2273-9357 / Fax (21) 2293-5863

Ilustrações RAFAEL UZAI
Diagramação ARETÉ PROGRAMAÇÃO VISUAL

CIP-BRASIL. CATALOGAÇÃO-NA-FONTE
SINDICATO NACIONAL DOS EDITORES DE LIVROS, RJ

C87f

Fortes, Isabel
Vovó e as estrelas no céu / Isabel Fortes. – Rio de Janeiro : Cia. de Freud, .
28p. : il.color. 2014.

ISBN 978-85-7724-118-7

1. – Família. Literatura infanto juvenil. 2. Literatura infanto juvenil brasileira.
I. Título. II. Série.

10-0344. CDD: 028.5
CDU: 087.5

017300